Die Wahrheit über Rückenschmerzen

Wie Sie die wahren Ursachen Ihrer Rückenbeschwerden aufdecken, gezielt selbst behandeln und Ihre Rückengesundheit langfristig erhalten - inkl. Übungsprogramm für Zuhause

Christian Brettschneider

Alle Ratschläge in diesem Buch wurden sorgfältig erwogen und geprüft. Eine Garantie kann dennoch nicht übernommen werden. Eine Haftung für jegliche Personen-, Sach- und Vermögensschäden ist daher ausgeschlossen. Die Benutzung dieses Buches und die Umsetzung der darin enthaltenen Informationen erfolgt ausdrücklich auf eigenes Risiko.

⚘ INHALT

Das erwartet Sie in diesem Buch

Rückenschmerzen. Fast jeder Mensch kennt sie, sie sind lästig, oftmals sehr schmerzhaft, bremsen uns im Alltag aus und sind für viele Menschen auf Dauer sehr belastend.

Rückenschmerzen zählen zu den sogenannten Volkskrankheiten. Es leiden tatsächlich fast 80 % der deutschen Bürger mindestens einmal in ihrem Leben unter solchen Schmerzerscheinungen.

Bei der Häufigkeit dieser Beschwerden ist es jedoch erstaunlich, wie wenig die Gesellschaft darüber weiß und wie wir ihnen entgegenwirken können.

Die ersten Fragen, die Sie sich sicher zuerst stellen, wenn Rückenschmerzen auftreten, sind: Was mache ich falsch? Woher kommen diese Schmerzen plötzlich? Liegt es an der mangelnden Bewegung oder vielleicht doch wegen meiner überwiegend sitzenden Tätigkeit am Schreibtisch im Büro? Achte ich im Allgemeinen vielleicht viel zu selten auf eine richtige Haltung? Nun ja, viele Faktoren spielen eine wichtige Rolle, die ein Zusammenspiel mit einem gesunden Rücken erfordern.

In diesem Ratgeber finden Sie genügend Informationen über das breit gefächerte und oft diskutierte Thema „Rückenschmerzen". Ist eine Linderung der Schmerzen möglich, wenn sie erst einmal da sind und wie kann man aktiv dagegen steuern?

Erfahren Sie hier von der Entstehung der ersten Symptome bis hin zur Schmerztherapie, Übungen zur Stärkung der Rückenmuskulatur, Prävention, den möglichen Heilungschancen und vielem mehr.

Sie denken, den Rücken jetzt noch stärken zu können, wäre ein Ding der Unmöglichkeit? Falsch gedacht! Oder vermuten Sie jetzt sogar, dass wir auf ein Fitnessstudio mit Rückenstärkenden Geräten anspielen wollen, wofür Sie aber eigentlich keine Zeit haben? Auch das muss nicht zwingend notwendig sein.

Den Rücken anhaltend stärken und sich in akuten Schmerzzuständen Linderung verschaffen zu können, gelingt schon mit den einfachsten Übungen für jedermann, ganz bequem von zuhause aus. In diesem Ratgeber finden Sie außerdem die besten Tipps und Übungen für zuhause.

Also sagen Sie den Rückenschmerzen den Kampf an und werden Sie jetzt aktiv gegen Ihre Rückenschmerzen, denn es ist nie zu spät, damit anzufangen, tun Sie es für Ihre Gesundheit.

Rückenschmerzen verstehen

WIE FUNKTIONIERT DER RÜCKEN?

Das ist eine gute Frage! Wie funktioniert der Rücken eigentlich? Haben Sie sich schon einmal die Frage gestellt, welche großen Herausforderungen Sie der Wirbelsäule täglich in Ihrem Alltag stellen? Wahrscheinlich nicht, dabei vergessen wir, wie viele Lasten die Wirbelsäule tragen muss und wie beweglich sie denn sein muss und gleichermaßen auch ist. Die Anatomie der Wirbelsäule ist eine besondere und nicht viele Menschen beschäftigen sich ausreichend mit unserem wertvollen und komplexen Konstrukt „Rücken", dabei ist er so wichtig, denn dieser ermöglicht Ihnen einen aufrechten Gang. Er macht Sie deshalb einzigartig unter allen Lebewesen. Gehen Sie sorgsam mit unserem Körperelement "Rücken" um und werden Sie bei den ersten Symptomen bereits aufmerksam.

Die Wirbelsäule: Täglich muss sie viele große Aufgaben bewältigen und meistern. Die Wirbelsäule ist das Rückgrat, die Stütze und die elastische Achse des Rumpfes bei Menschen und Wirbeltieren gleichermaßen. Sie ist mit den verschiedenen Teilen Ihres Skeletts verbunden, wie z. B. Kopf, Becken, Armen und vielem mehr, und umschließt das Rückenmark. Sie hält Sie aufrecht, trägt einen Großteil Ihres Körpergewichtes und ist gleichermaßen robust und sehr beweglich. Dabei hat sie es mit Ihnen nicht immer leicht und Sie muten ihr viel zu. Sie bewegen sich möglicherweise im Alltag zu wenig, achten selten auf Ihre Haltung und erledigen täglich viele Tätigkeiten im Sitzen? All das merkt sich Ihre Wirbelsäule und mit den verschiedensten Faktoren kann sie Ihnen auf Dauer einen deutlichen Schmerz signalisieren.

Sie besteht aus stabilen Bausteinen wie den Wirbelkörpern, außerdem aus flexiblen Bausteinen wie Bandscheiben und Wirbelgelenken. Erst die Kombination aus diesen drei Bestandteilen sorgt für die Stabilität des Körpers, zusätzlich auch für Beweglichkeit und eine gute Lastenverteilung. Zu diesem Konstrukt kommen Bänder, Kapseln, Sehnen, Muskeln und Nerven, diese haben die Aufgabe, die einzelnen Wirbel und größere Partien der Wirbelsäule miteinander zu verbinden.

Apropos Wirbel, wissen Sie, wie viele Wirbel der menschliche Körper in sich trägt? Hier zur Aufklärung: Unser Körper besteht aus sieben Halswirbeln, zwölf Brustwirbeln und fünf Lendenwirbeln. Aus diesen unterschiedlichen Wirbelarten bildet die Wirbelsäule eine Kette, die wie aus Gliedern zusammengesetzt ist. Zwischen diesen Gliedern befinden sich dann die Bandscheiben, diese funktionieren wie ein Puffer.

Die Wirbelsäule gewinnt zusätzlich durch ihre Doppel-S-Form an Stabilität. Aus Wirbelkörper und Wirbelbogen wird ein Kanal gebildet, in diesem schlauchförmigen Gebilde spielt sich der absolut wichtigste Kommunikationsweg ab, nämlich der zwischen Gehirn und dem übrigen Körper. Zwischen der Kombination von beidem verläuft die zentrale Nervenbahn geschützt diesen Kanal – das Rückenmark. Somit ist gewährleistet, dass das Rückenmark gut geschützt von Rückenwirbeln, Knochen und Wirbelsäule ist.

Der Körper im Einklang

Schmerzen schränken Sie im Alltag ein und können Sie ausbremsen. Deshalb ist es umso wichtiger zu wissen, dass ihnen nicht immer eine gefährliche Erkrankung zugrunde liegt. Wenn Sie den Abschnitt „Wie funktioniert der Rücken" gelesen haben, wissen Sie jetzt schon, welches wichtige Konstrukt sich im Körper jedes Einzelnen befindet und wie wertvoll es ist, eine Verbindung vieler verschiedenen Komponenten zu gewährleisten.

Ein Zusammenspiel der verschiedenen Komponenten von Nerven, Muskeln und Bandscheiben kann sich dementsprechend auch unterschiedlich stark auf unseren Körper auswirken. Dabei wird gern vieles in Zusammenhang mit der Bandscheibe gebracht, allerdings ist die Ursache nicht immer gleich die Bandscheibe. Es gibt enorme Unterschiede, denn oftmals ist es nur beispielsweise eine Unausgewogenheit der muskulären Belastung, die Sie ausbremst und die der Grund für die akuten Beschwerden ist.

Diagnose und Therapie

DIAGNOSE

Bei häufigen oder stark ausgeprägten Rückenschmerzen ist eine Untersuchung beim Arzt notwendig, um der Sache genauer auf den Grund zu gehen und eine richtige Diagnose gestellt zu bekommen, um die Ursache der Beschwerden herauszufinden. Wie wird sie gestellt und welche Verfahren stehen Ihnen bei der Diagnosestellung zur Verfügung? Gestellt wird die Diagnose von einem Mediziner, wahrscheinlich wird Ihr erster Weg zum Hausarzt sein, der kann nach seinem Gespräch mit Ihnen den Fall Ihrer Schmerzen bereits einstufen, wird direkt erste

Schlüsse ziehen und Sie vermutlich direkt in eine Kategorie stecken. In erster Linie wird unterschieden zwischen <u>akuten</u> und <u>chronischen</u> Rückenschmerzen, dies ist von der Dauer der Schmerzen abhängig und ausschlaggebend. Im Hinblick auf die Dauer der Schmerzen werden folgende Rückenschmerz-Arten unterschieden:

1. **Akute Rückenschmerzen**: Diese Art von Schmerzen halten max. für 6 Wochen an.

2. **Subakute Rückenschmerzen:** Der Schmerz kann etwas länger bestehen, nämlich ungefähr 6 – 12 Wochen.

3. **Chronische Rückenschmerzen:** Sie dauern länger als 12 Wochen und der Betroffene klagt ständig bzw. vielleicht sogar dauerhaft über Rückenschmerzen.

Kommen wir zu Punkt 1.: <u>Akute Rückenschmerzen</u>: Akut bedeutet in erster Linie „plötzlich auftretend" oder „schnell und heftig". Sie gelten als eine sogenannte "Warnfunktion", sie können vor allem auf eine Verletzung oder Entzündung hindeutet. Suchen Sie bereits nach 3 – 4 Tagen einen Arzt auf, wenn die Rückenschmerzen nicht abschwächen oder weggehen und diese Sie in Ihrem Alltag stark einschränken und belasten. Der Arzt kann bereits zu Beginn vermutlich einen Verdacht auf die Ursache stellen. Deshalb ist es auch so wichtig, bereits bei akuten Rückenschmerzen aufmerksam zu werden und eine speziell ausgerichtete Behandlung einzuleiten, wie z. B. physiotherapeutische Maßnahmen. Falls hinter Ihren Schmerzen nämlich womöglich nicht nur beispielsweise eine Verletzung, Entzündung, Verspannungen oder Blockaden dahinterstecken sollten, und es sich eventuell sogar um etwas Ernsteres handelt, kann es schnell zu chronischen Rückenschmerzen kommen. Also lieber früher handeln und so gegebenenfalls eine geeignete Therapie rechtzeitig beginnen.

<u>Chronische Rückenschmerzen</u> können hingegen ein eigenständiges Krankheitsbild entwickeln. Ganz unbeeinflusst können die Beschwerden von der Ursache entstehen und können dadurch zum täglichen Begleiter werden, dies kann natürlich weiterführende Folgen auf den Patienten haben, beispielweise in Bezug auf die Psyche, die eine Depression zur Folge haben kann. Gehen Sie spätestens jetzt zu einem Spezialisten, beispielsweise zu einem Orthopäden oder Neurologen, und lassen Sie der

Sache mit den möglichen und den zur Verfügung stehenden Verfahren auf den Grund gehen. Eine Abklärung in dieser Phase ist sehr wichtig.

Die Medizin erlaubt uns heutzutage, die unterschiedlichsten Diagnoseverfahren einzusetzen, um die Ursachen der Rückenschmerzen zu ermitteln. Es gibt vielfältige Untersuchungen und Tests, welchen Sie sich unterziehen können, dies allerdings hängt von dem Schmerzgrad und der Dauer ab. Aber woran können Sie sich dabei orientieren? Wie lang ist lang genug, um einen Arzt aufzusuchen, ohne unnötig Panik zu verbreiten? Oder haben Sie bereits viel zu lange gewartet und ein Therapieversuch hat bei diesen Schmerzen und in diesem Stadium sowieso keinen Sinn mehr? Denken Sie das auf keinen Fall, einen Arzt nach einer gewissen Dauer der Beschwerden und Stärke aufzusuchen, ist in jedem Fall sinnvoll. Wie schon erwähnt, sollten Sie nach dem Gefühl Ihres Körpers gehen. Sind die Schmerzen so stark, akut und lassen kaum nach, ist es immer von Vorteil und sinnvoll, sich zeitnah einen ärztlichen Rat einzuholen. Warten Sie auf jeden Fall nicht zu lange. Die ersten Maßnahmen nach dem Auftreten der Schmerzen zu treffen, kann schon eine Linderung bewirken und die Gefahr ist somit geringer, dass Sie mit diesen akuten Schmerzen nicht in einen Dauerzustand geraten, der Sie womöglich zur Verzweiflung bringt.

Im nächsten Abschnitt lesen Sie, welche Untersuchungsmethoden Ihnen zur Verfügung stehen und worauf Sie vorbereitet sein sollten.

➤ Anamnesegespräch, Gespräch mit einem Arzt

Zuerst einmal ist es wichtig, dass ein ausführliches Gespräch mit einem Arzt geführt wird, dies passiert in der Regel nach dem üblichen "Frage-Antwort-Prinzip", danach kann der Experte bereits erste Schlüsse ziehen und stellt vielleicht sogar schon seine ersten Vermutungen oder hat bereits möglicherweise die Ursachen der Kreuzschmerzen erkannt.

Bei diesem sogenannten Anamnesegespräch mit dem Arzt ist eine möglichst detaillierte Erhebung Ihrer Krankengeschichte (Anamnese) wichtig.

Auf diese möglichen Fragen des Arztes sollten Sie vorbereitet sein:

Wo ist die Lokalisation der Schmerzen?

Seit wann bestehen die Schmerzen?

Ist ein Bandscheibenvorfall bereits in der Vorgeschichte bekannt bzw. diagnostiziert worden?

Nehmen Sie Medikamente, wenn Ja, welche (Medikamentenplan beim Arztbesuch immer in Kopie dabei)?

Bewegen Sie sich ausreichend im Alltag?

Welche Tätigkeiten üben Sie in Ihrem Job aus?

Gibt es bereits bekannte Grunderkrankungen, wenn Ja, welche?

Wann ist der Schmerz am schlimmsten (morgens nach dem Aufstehen, oder am Abend, wenn Sie zu Bett gehen …)?

➢ Untersuchungen

Anschließend erfolgt eine körperliche Untersuchung, der Arzt achtet dabei bereits sofort genau auf Ihre Haltung und ob Sie beispielsweise zu einem Hohlkreuz tendieren. Er überprüft die Reflexe und Ihre Muskelkraft, führt neurologische Tests durch und Sie werden sich einer Beweglichkeits- und Funktionsprüfung unterziehen müssen. Auch schon bei diesem möglichen Verfahren kann der Arzt bereits mit dem bloßen Auge erkennen, ob sich eine Dysbalance in der Muskulatur darstellt.

➢ Das bildgebende Verfahren

Nun kommen wir zu dem gängigsten Verfahren, womit man schon rechnet, bevor Sie einen Arzttermin vereinbaren. Wissen oder vermuten Sie bereits, was gemeint ist? Nahezu jeder kennt diese Untersuchungsmethode – das bildgebende Verfahren.

Aber ganz im Gegenteil, viele denken, wenn man über Kreuzschmerzen klagt, gibt es keine andere Möglichkeit, als sich ein Röntgenbild erstellen zu lassen. Sie müssen allerdings darüber wissen, dass der Arzt diese Untersuchung nur Veranlassen wird, wenn die Diagnose und Ursache nicht eindeutig sind und dies für nötig oder sinnvoll erachtet.

Die Strahlen können nämlich schädlich sein und keiner möchte sich freiwillig Untersuchungen unterziehen, die für Gewebe und Körper schädlich sind. Daher erst einmal aufatmen und abwarten, ob diese Untersuchung bei Ihnen und Ihrem bisherigen Schmerzbild bzw. Verlauf, den Sie dem Arzt geschildert haben, wirklich notwendig ist und angeordnet werden muss.

Unter den sogenannten bildgebenden Verfahren versteht man folgende:

- Röntgenuntersuchungen
- Computertomografien
- Kernspintomografien
- oder einem einfachen Ultraschall.

➢ Laboruntersuchungen
Ebenfalls wichtig und oft unterschätzt bei dieser Symptomatik sind Laboruntersuchungen. Meistens wird zuerst einmal ein großes Blutbild vom Mediziner angeordnet. Ein großes Blutbild besteht aus sehr vielen unterschiedlichen Parametern und kann auf eine Vielzahl von Erkrankungen hinweisen. Nach einer laborchemischen Kontroll-Untersuchung gibt es gegebenenfalls auch schon bei Ihnen einen ersten Verdacht, der auf eine mögliche Grunderkrankung hinweisen kann und richtungsweisend ist.
Grundsätzlich wird aber empfohlen, sich jedes Jahr mindestens einmal beim Hausarzt vorzustellen und dort eine große Blutuntersuchung durchführen zu lassen. Dabei können Auffälligkeiten, die drohen aus dem Gleichgewicht zu geraten, schon frühzeitig erkannt werden.
Allerdings ist nicht zu vergessen, dass eine Spuren-

suche mitunter Geduld erfordert. Nicht immer liegt die Diagnose direkt auf der Hand oder es ist gleich eine Ursache ermittelbar. Aber keine Angst, dass Ihnen nicht geholfen werden kann, dafür gibt es Spezialisten. Wenn Sie zunächst bei den ersten Anzeichen und Beschwerden von Kreuzschmerzen Ihren Hausarzt kontaktiert haben und dieser Sie zu einem Orthopäden vermittelt, sind Sie dort zunächst an der richtigen Adresse. Ein Orthopäde kann Sie bei Bedarf auch zu einem Neurologen oder Schmerztherapeuten überweisen.

THERAPIE

Die richtige Therapie ist der entscheidende Faktor!

Was erhoffen Sie sich von einer Therapie? Natürlich, dass sie die Schmerzen lindert oder vielleicht sogar ganz beseitigt, damit Ihre Lebensqualität sich endlich wieder zum Positiven entwickeln kann. Das erhofft sich jeder. Nur ist es nicht immer einfach, gleich die richtige Therapie zu finden.

Die möglichen Therapiemöglichkeiten sind breit gefächert und jede einzelne Diagnose bedarf einer speziell auf Sie abgestimmten Therapie der bestehenden Beschwerden. Oftmals ist es schwierig, die richtige Therapie direkt herauszufinden, und Sie müssen vielleicht mehrere Therapieversuche in Anspruch nehmen, aber da kommen Sie nicht drum herum. Lassen Sie sich auf jeden Fall nicht hängen, wenn der erste Versuch vielleicht nicht direkt den gewünschten Erfolg bringt.

Im folgenden Textabschnitt werden Therapiemethoden erwähnt, die Ihnen bei Ihren Beschwerden Besserung verschaffen können, nichtsdestotrotz ist es bei dauerhaft und länger anhaltenden Schmerzen, mit eventuell begleitenden Grunderkrankungen, altersbedingten Schmerzen, Verspannungen, Entzündungen oder Blockaden unumgänglich, einen Arzt zurate zu ziehen.

Vorab ist allerdings zu sagen, dass Sie zunächst mit einer konservativen Therapie starten werden.

"Konservative Therapie" heißt, dass alle nicht-operativen möglichen Behandlungsmethoden ausgeschöpft werden – ohne positiven Effekt – bevor eine operative Maßnahme erwogen wird.

Welche konservativen Möglichkeiten Ihnen zur Verfügung stehen, erfahren Sie jetzt:

- Physiotherapie und Bewegungstherapie (medizinische Trainingstherapie zur Muskelkräftigung)
- traditionelle Schmerzbehandlung (in Tablettenform, Pflaster oder Cremes)
- orthopädietechnische Versorgung (Orthesen, Korsetts und Schuheinlagen)
- Rehabilitationsmaßnahmen
- Fitnessstudio (zur Stärkung der Muskulatur mit gezielten Übungen)
- gezielte Muskelstimulation (biomechanische Schwingungen verbessern Stoffwechsel und Durchblutung)
- Rückenschule (dort lernt man, schädliche Bewegungen wie das Heben schwerer Lasten oder abruptes Aufstehen aus dem Sitzen und Liegen zu vermeiden)
- Arbeitsplatz Rücken-freundlich gestalten
- Bewegungspausen einlegen, aktives Bewegen
- Thermotherapie (wohltuend bei Arthrose, Muskelverspannungen und Hexenschuss)
- Atemübungen
- klassische Massage, Bindegewebs-/ Unterwassermassage.

Wenn viele der oben genannten konservativen Therapieversuche zu einem frustranen Ergebnis für Sie geführt haben, muss man nun einen Schritt weitergehen. Eine Operation ist ein operativer Eingriff und eine hohe Belastung für Sie und Ihren Körper, ein operativer Eingriff wird wirklich nur dann empfohlen, wenn der Arzt keinen anderen Ausweg sieht. Aber wann ist eine Operation wirklich nötig? Folgende Warnsignale, die Hinweis auf eine operative Maßnahme geben:

- Lähmungen (Paresen)
- Inkontinenzstörung
- verstärkte Gefühlsstörungen bis hin zum kompletten Taubheitsgefühl
- therapieresistente Schmerzen – alle konservativen Maßnahmen wurden ausgeschöpft mit frustranem Ergebnis.

Abschließend ist zu dem Thema "die richtige Therapie finden" zu sagen, dass Sie sich auf keinen Fall auf den erst besten Versuch versteifen dürfen. Es kann eine langwierige Reise erfordern. Geduld bei der Linderung dieser Beschwerden ist das A und O.

Stecken Sie den Kopf nicht in den Sand, wenn die erste Therapie nicht den gewünschten Erfolg bringt. Und wenn Sie sich an bestimmte Verhaltensregeln (Sport, richtig bücken, heben und tragen etc.) halten und vielleicht eigeninitiativ von Zuhause die Rückenmuskulatur stärken, ist dies bereits auch schon der nächste Schritt in die richtige Richtung. Schöpfen Sie auf jeden Fall jede für Sie infrage kommende konservative Therapie bestmöglich aus, bevor Sie voreilige Schlüsse ziehen und sich einem operativen Eingriff unterziehen. Ein starker Wille und der Ehrgeiz es zu wollen, bringt Sie oftmals auch schon ein Stück näher an Ihr Ziel.

Ursachen für Ihre Rückenschmerzen

Ursachen? Die üblichen Verdächtigen!

- Bewegungsmangel
- Verspannungen, Blockaden
- zu langes Sitzen
- Adipositas
- Fehlbelastungen
- Stress, Überlastung
- schlechte Haltung
- Computerarbeit.

Ganz pauschal kann man dies aber auch so nicht übers Bein schlagen, denn die Ursache für Rückenschmerzen kann vielfältig sein. Die wohl häufigste Ursache sind Muskelverspannungen, sei es durch Fehlhaltung, schwache Muskulatur oder Bewegungsmangel. Damit einher geht natürlich, dass bereits gereizte und verhärtete Muskeln die Empfindlichkeit der Schmerzrezeptoren erhöhen.

Sie lassen sich grundsätzlich in zwei Gruppen einteilen:

1. nicht-spezifische
2. spezifische Rückenschmerzen.

Bei den nicht-spezifischen Rückenschmerzen findet der Arzt meistens keine genaue Ursache für die Beschwerden, in diese Kategorie fallen bis zu 85 % der Bundesbürger.

In die Kategorie der spezifisch einzustufenden Rückenschmerzen fallen hingegen die – eindeutig feststellbaren – Ursachen. Dabei ist die Palette der verschiedenen Erkrankungen, die mit Kreuzschmerzen zusammenspielen, breit gefächert. Sie müssen nicht zwingend im Bereich der Wirbelsäule liegen (wie z. B. der meistens direkt vermutete Bandscheibenvorfall). Stattdessen sind oftmals andere, beispielsweise organische Faktoren der Anlass für die Beschwerden des Rückens. Ursache können Erkrankungen wie Lungenentzündungen, Nierensteine, Nierenbeckenentzündungen bis hin zum Herzinfarkt sein.

Im Folgenden finden Sie eine weitere kleine Übersicht mit Beschreibung von möglichen spezifischen Rückenschmerzen:

Muskelverspannung:
Jeder kennt sie, eine Muskelverspannung kann schnell passieren. Ein schneller Blick eines Orthopäden jedoch kann dies aber bereits nach kurzer Zeit diagnostizieren. Einige geübte Handgriffe zeigen ihm, wo das Problem liegt, und können dies ganz gezielt mit Drückerpunkten feststellen. Werden die Muskelstränge ungleichmäßig belastet, sprich werden manche überfordert, manche unterfordert, können sie in der Folge verkürzen oder verhärten und an den betroffenen Muskeln einen akuten Schmerz auslösen. Auch ein eingeklemmter Nerv kann aus Muskelverspannungen hervorgehen und Kreuzschmerzen verursachen.

Blockaden (Wirbelsäulenfehlstellungen, Wirbelsäulenblockade):

Diese Einschränkung erfolgt innerhalb des natürlichen Wirbelspielraums. Bei Wirbelsäulenfehlstellungen bringt auch hier der zuständige Mediziner schnell Licht ins Dunkel. Fehlstellungen kann er je nach geschultem Blick mit dem bloßen Auge und einer Streichbewegung von zwei Fingern von oben nach unten entlang der Wirbelsäule erkennen. Oder einfaches Abklopfen verschiedener Bereiche der Wirbelsäule, dabei erkennt der Arzt sogar vermutlich direkt die betroffene Stelle oder Stellen, von wo genau diese Beschwerden ausgehen.

Blockaden entstehen häufig aus Bewegungen heraus, die der Körper sonst nicht gewohnt ist, z. B. beim ruckartigen Heben, schweren Tragen oder wenn man plötzlich etwas macht, was der Rumpf in diesem Ausmaß nicht gewohnt ist. Wirbelblockaden können u. a. Schmerzen an der Muskulatur, den Wirbelgelenken oder den Austrittskanälen der Nerven aus dem Rückenmark verursachen, manchmal sogar verbunden mit Ausstrahlung in Arme und Beine, in seltenen Fällen auch mit leichtem Taubheitsgefühl. Der Mediziner (mit Zusatzausbildung) wird bereits bei diesem Verdacht erste Schritte einleiten, um die Blockade in Ihrer Wirbelsäule zu lösen. Umgangssprachlich nennt man diese Form von „Lösen der Blockade" auch einrenken. Aber genauer betrachtet ist das falsch, denn der Wirbel renkt sich nicht einfach so aus. Es handelt sich in der Regel um blockierte oder verkeilte Wirbel. Physiotherapeuten oder Orthopäden mit Zusatzausbildung in manueller Therapie können diese Art von Blockaden lösen, es wird also von einer Manipulation oder Mobilisation der Wirbelsäule gesprochen.

Verschleiß der Wirbelsäule (Arthrose, Facettensyndrom):
Es ist kein Geheimnis, dass sich mit fortgeschrittenem Alter die Muskulatur und Gelenke im Körper abnutzen. Geht dieser "Gelenkverschleiß" über den normalen Grad hinaus, sprechen die Experten von „Arthrose". Bemerkbar macht sie sich vor allem zu Beginn einer Bewegung und lässt während der Bewegung dann langsam wieder nach.

Bandscheibenvorfall:
Sie können sich Ihre Bandscheiben wie polsterförmige Stoßdämpfer vorstellen, diese sogenannten Dämpfer liegen zwischen den einzelnen Wirbelkörpern. Die Bandscheiben bestehen aus einem wei-

chen Gallertkern, umschlossen von einem Ring aus Faserknorpel. Ein Bandscheibenvorfall liegt dann vor, wenn der Gallertkern verrutscht und die Faserhülle durchbricht.

Der so auch genannte Bandscheibenprolaps verursacht genau dann starke Schmerzen im Bereich des Rückens, wenn die aus der verrutschten Bandscheibe ausgetretene Gallertkernmasse auf die benachbarten Nerven drückt.

Mit am häufigsten wird der bekannte Ischiasnerv eingeklemmt, dies kann die Ursache eines Bandscheibenvorfalls sein, manchmal aber auch eine Entzündung. Sie spüren diesen Schmerz meist vom Rücken oder Gesäß ausgehend bis ins Bein ziehend und teilweise bis in den Fuß ausstrahlend, bei dieser Symptomatik ist meist der eingeklemmte Ischias schuld.

Der Ischiasnerv: Er ist einer der Nervenwurzeln, die im Lendenwirbel- und Kreuzbeinbereich aus dem Rückenmark austreten und sich unterhalb des Beckens zum Ischiasnerv vereinen. Dieser dickste und längste Nerv des Körpers zweigt an der Rückenseite des Oberschenkels nach mehrfacher Verästelung bis hinunter zum Fuß.

In die Gruppe der spezifischen Rückenschmerzen gehören außerdem:

- Osteoporose (Knochenschwund)
- Brustenge (Angina pectoris)
- Entzündung des Rippenfells (Pleuritis)
- Entzündung des Herzmuskels (Myokarditis)
- Entzündung der Bauchspeicheldrüse (Pankreatitis)
- Gürtelrose
- Schwangerschaft
- und vieles mehr.

Mythen über Rückenschmerzen

Wenn man unser altbekanntes und beliebtes Suchsystem "Google" anwirft, liest man viel über das vielseitige Thema „Rückenschmerzen". Doch ist das alles wahr? Es kursieren viele Halbwahrheiten und Gerüchte rund um dieses Thema im Netz. Doch glauben Sie nicht alles, was das Netz sagt und lassen Sie sich nicht gleich alles einreden. Hier werden die gängigsten und hartnäckigen Rücken-Mythen zusammengefasst.

Mythos 1: "Wer viel sitzt, bekommt Rückenschmerzen"

Das stimmt so nicht ganz. Denn der richtige Ausgleich macht es. Natürlich fördern sitzende Tätigkeiten die Beschwerden Ihres Rückens, allerdings ist dies nicht der alleinige Grund der Schmerzen. Ganz klar ist aber: Die Bewegungsarmut geht damit einher, die Rückenmuskulatur auf Dauer zu schwächen. Es gibt Möglichkeiten, diesem ganz einfach auch im Beruf entgegenzuwirken. Wer also viel sitzende Tätigkeiten ausübt, sollte sich körperlich vor und nach der Arbeit ausreichend bewegen. Oder vielleicht sogar schon mal darüber nachgedacht, auch während der Arbeit Bewegungspausen einzulegen? Nehmen Sie ab und zu Tätigkeiten in die Hand, die mit Bewegung zusammenhängen, das tut Ihnen und Ihrem Bewegungsapparat etwas Gutes.

Mythos 2: "Rückenschmerzen hängen mit der Psyche zusammen"

Wahr! Denn zwischen unserem Rücken und der Seele besteht ein Bezug. Chronische Rückenschmerzen können zu Depressionen führen, Depressionen stimmen sich im Allgemeinen sehr negativ auf Körper und Wohlbefinden aus. Aber auch Stress, Überlastung und Müdigkeit können ein Auslöser von Verspannungen der gesamten Rückenpartie sein.

Mythos 3: "Gegen Rückenschmerzen hilft Schonen"
Glauben Sie das bloß nicht! Eher ganz im Gegenteil, denn jetzt ist Bewegung angesagt. Wissen Sie, was Bewegungsmangel in Ihrem Körper auslöst? Es löst eine schwache Stützmuskulatur sowie Verspannungen aus und das ist nicht alles, nicht nur Ihre Muskeln, sondern auch Ihre Gefäßwände können reagieren und beeinflussen dadurch womöglich konstant langsameren Blutfluss. Dabei können z. B. die Venen und Arterien an Elastizität verlieren und somit kann der Blutdruck steigen. Gehen Sie hinaus an die frische Luft, und wenn es nur ein leichter Spaziergang ist, Ihr Rücken wird Ihnen dankbar sein.

Mythos 4: "Rückenschmerzen kommen vom aufrechten Gang"
Stimmt nur teilweise. Durch das Aufstellen Ihrer Füße sowie beider Beine ist im Laufe der Evolution unsere Wirbelsäule empfänglicher geworden, ein gutes Beispiel hierfür sind Bandscheibenvorfälle.

Nicht zu vergessen ist unser Lebensstil, auch dieser spielt eine wichtige Rolle.

Mythos 5: " Männer und Frauen haben gleich häufig Rückenschmerzen"

Falsch! Es gibt allerdings einen Unterschied, was den Ort des Geschehens angeht. Männer klagen häufiger über Kreuzschmerzen, also Schmerzen im Bereich der Lendenwirbelsäule. Frauen hingegen beklagen sich überwiegend über akute Rückenschmerzen, die sie punktuell als sehr schmerzhaft empfinden. Diese sitzen meist im Nacken- und Schulterbereich. Generell wichtig für jedermann ist aber auch das Tragen und Heben schwerer Lasten.

So führen Sie es richtig aus:

Gehen Sie in die Knie und neigen Sie den gerade gehaltenen Rücken nach vorn, bis Sie das Objekt nah am Körper halten können. Atmen Sie während des Hebens und Tragens ganz gleichmäßig weiter. Spannen Sie zudem die Rücken- und Bauchmuskulatur an, um die Wirbelsäule zu stabilisieren, bevor Sie die Last anheben.

Genau das Gleiche gilt für das Abstellen von Gegenständen, gehen Sie zurück in die Knieposition

mit geradem Rücken und spannen Sie die Rücken-
und Bauchmuskulatur erneut an.

Wichtig: immer gleichmäßig weiter atmen.

Mythos 6: "Wer Rückenprobleme hat, braucht eine Spezialmatratze und die richtige Position"

Teilweise richtig. Darüber scheiden sich die Geister.
Kommt Ihnen die Situation bekannt vor? Sie wa-
chen am Morgen nach einer wenig erholsamen
Nacht auf und erheben sich nur mühsam aus dem
Bett, weil der Rücken schmerzt.

Die deutsche Gesellschaft für Allgemeinmedizin
und Familienmedizin (DEGAM) hingegen sieht das
etwas anders, dort heißt es:

Zitat: „Es ist nicht notwendig, viel Geld für eine
Spezialmatratze auszugeben, da die normalen Mat-
ratzen ausreichende Qualität besitzen", heißt es in
der DEGAM-Patienteninformation zu Kreuzschmerzen.

Eine Vielzahl von Menschen hingegen sieht das
anders. Da der Körper Nachtschlaf dringend benötigt, um sich zu regenerieren, und vor allem neue
Energie für den Tag tanken muss, wird erkennbar,
dass sich diesem Schicksal auf keinen Fall jeder
hingibt. Denn auch gesunder Schlaf und die richtige

Schlafposition kann Sie und Ihre Gesundheit erheblich ins Positive steuern. Besonders der Rücken- und Nackenbereich lassen sich durch eine veränderte Schlafhaltung wesentlich beeinflussen und dadurch verbessern. Haben Sie schon etwas von den Grundvoraussetzungen gehört, die einen gesunden Schlaf positiv beeinflussen können? Darunter zählen: Temperaturen zwischen 18 und 21 Grad, abgedunkeltes Zimmer, ruhige Umgebung, ausreichende Luftfeuchtigkeit. Oder haben Sie die Angewohnheit, während des Einschlaf-Prozesses den Fernseher im Hintergrund laufen zu haben? Vielleicht können Sie sich dies abgewöhnen und es nach und nach womöglich ganz aus Ihrer Schlafroutine streichen.

Versuchen Sie es lieber mit Entspannungsübungen vor dem Zubettgehen, so ist der Körper ruhig und entspannt, Sie schließen mit den Gedanken, die Sie sich im Tagesverlauf vermutlich verstärkt gemacht haben, ab und können besser einschlafen, probieren Sie es einfach mal, Sie werden Gefallen daran finden.

Außerdem gibt es bestimmte Schlafpositionen, die gut für Ihren Rücken sind. Sie kennen wahrscheinlich schon längst Ihre Lieblingsposition und wissen, ob Sie ein Bauchschläfer, Rückenschläfer oder Seitenschläfer sind. Doch, welche Position ist nun wirklich Rücken-schonend? Hier einige Tipps zu der einzelnen Position. So liegen Sie richtig: Die gesündeste Schlafposition ist die Rückenlage, denn so werden Rücken und Nacken entlastet, zusätzlich wird Ihre Atmung nicht behindert. Noch ein Tipp: Probieren Sie es mal ganz ohne Kopfkissen aus. Wenn dies für Sie aber auf keinen Fall infrage kommt und Sie sich Ihren wertvollen Schlaf ohne ein Kissen gar nicht vorstellen können, dann achten Sie darauf, ein möglichst dünnes und weiches Kissen zu haben. Versuchen Sie doch einmal, sich auf den Rücken zu legen, wenn Sie zu Bett gehen, vielleicht gelingt es Ihnen und Sie haben eine bequeme Position gefunden, die es Ihnen erlaubt, in den Schlaf zu fallen.

Sollten Sie allerdings dazu neigen zu schnarchen oder Sie haben nur einen sehr leichten Schlaf, kann es auch sein, dass Sie auf dem Rücken liegend eher schlecht bis gar nicht zur Ruhe kommen. Dann fühlen Sie sich vermutlich in der Seitenlage etwas besser aufgehoben. Probieren Sie es dennoch, sich für ein paar Tage umzugewöhnen, vielleicht funktioniert es mit der Zeit.

Ein weiterer Tipp: Wenn Sie sich zusätzlich ein weiteres Kissen unter die Knie legen, entlasten Sie somit Ihre Wirbelsäule. Falls Sie in seitlicher Position schlafen, schonen Sie auch Ihren Rücken und Nacken, Voraussetzung allerdings ist, dass Ihre Matratze nicht durchgelegen sein darf. Schaffen Sie sich aber unbedingt ein Kissen an, das für Ihre Schlaflage gut geeignet ist. Rollen Sie sich nicht in die fetale Position ein bzw. zusammen, denn das ist wiederum eine Belastung für Ihren Nacken und Rücken. Um sich in Seitenlage halten zu können, rollen Sie eine weitere Decke zusammen und legen Sie diese in den Rückenbereich, diese sorgt für die nötige Stabilität. Alternativ können Sie ein weiteres Kissen auch zwischen Ihre Knie legen, welches wiederum Ihr Becken entlastet, wenn Sie auf der Seite liegen.

Eine gute Möglichkeit ist außerdem ein sogenanntes Seitenschläfer-Kissen, es macht das Schlafen auf der Seite unglaublich bequem. Achten Sie darauf, dass es lang genug ist und Sie es gegebenenfalls mit Ihren Armen und Beinen umschließen können. Dieses Seitenschläfer-Kissen zwischen Ihren Beinen sorgt für zusätzliche Entlastung der Wirbelsäule und ist zudem sehr bequem.

Mit einigen wichtigen Details, wie beispielsweise Härtegrad und Liegezonen, ist es auch gar nicht schwer, eine Matratze zu finden, die die Rückenschmerzen lindern oder in manchen Fällen sogar ganz verhindern kann und dafür braucht es auch keinesfalls eine überteuerte Matratze.

Mythos 7: "Rückenschmerzen sind Alterserscheinungen"

Falsch. Zwar können Rückenschmerzen auf degenerative Veränderungen und den altersbedingten Verschleiß zurückzuführen sein, wie aber schon erwähnt, sind diese Beschwerden in erster Linie dem Bewegungsmangel geschuldet, demnach kann dies gleichermaßen natürlich auch junge Menschen betreffen. Rückenschmerzen sind daher keine Alterserscheinungen. Bewegung und die mäßige Belastung machen es, dies gilt für alt und für jung.

Mythos 8: "Sport schützt vor Rückenschmerzen"

Dieser Mythos stimmt nur teilweise. Unumstritten schützt eine kräftige Rückenmuskulatur vor Rückenschmerzen, die sich durch Sport aufbauen lässt. Allerdings kommt es auf die Sportart und vor allem auf die richtige und ordentliche Ausführung an. Es gibt Sportarten, wie z. B. Tennis oder Golf (die mit schnellen Drehbewegungen des Rumpfes verbunden sind), die eine Überstreckung der Wirbelsäule bewirken und bei wiederholten Bewegungen kann dies dem Rücken schaden.

Eine Sportart, die Rückenschmerzen vorbeugen kann, ist Schwimmen, dies gilt als eine sehr Rückengesunde Sportart, allerdings gilt dies nur für Rückenschwimmen und Kraulen. Zum Verständnis: beim normalen Brustschwimmen wird je nach Schwimmstil ein Hohlkreuz gebildet und die Wirbelsäule überdehnt.

Mythos 9: "Einmal Rückenschmerzen, immer Rückenschmerzen"

Falsch. Wirken Sie aktiv entgegen und nehmen Sie sich Zeit für Sport und kleine Bewegungspausen im Büro. Stärken Sie Ihren Rücken täglich mit 5 richtigen Übungen, dafür müssen Sie sich nicht länger als eine halbe Stunde Zeit nehmen. Und eine halbe Stunde? Die hat jeder, oder? Also nehmen Sie es in die Hand, es sind Ihre Schmerzen und Sie können selbst etwas dagegen tun. Also worauf warten Sie noch? Tun Sie es für sich selbst und Ihr Rücken wird es Ihnen danken.

Mythos 10: "Bei Rückenschmerzen muss man Röntgen"

Gemäß aktuellen Leitlinien sieht man kein bildgebendes Verfahren wie Röntgen vor, wenn gefährliche Verläufe durch eine vorherige ärztliche Untersuchung ausgeschlossen worden.

Dieser Beschluss kann aber revidiert werden, wenn nach mehreren Therapieversuchen und Ansätzen keine Besserung eintritt, erst dann wird der Arzt Ihnen eine Überweisung für eine Bildgebung mittels Röntgen ausstellen. Und das mit gutem Grund: Hauptursache von Rückenschmerzen sind Verspannungen, die auf Bewegungsarmut zurückzuführen sind, und diese werden bei einer "bildgebenden Diagnostik" nicht erkennbar sein.

Zudem sollte man sich nicht regelmäßig Röntgenuntersuchungen unterziehen. Röntgenuntersuchungen verursachen Röntgenstrahlen, Strahlen, die beim Durchdringen von Gewebe Schäden am Erbgut (DNA) auslösen kann. Diese DNA-Schäden wiederum können langfristig gesundheitsschädlich sein und beispielsweise zu Krebs führen.

Mythos 11: "Kältere Jahreszeiten erhöhen die Gefahr auf Rückenschmerzen"

Eher nein. Viele versuchen, von der Tatsache und der Ursache der Beschwerden abzulenken und stellen derartige Vermutungen auf. Dabei verdrängen viele vielleicht nur die Aussage, denn überwiegend sind Patienten mit Rückenbeschwerden auf die nicht ausreichende Bewegung zurückzuführen. Schuld sind vielleicht auch die kalten Wintermonate, die einem die Gemütlichkeit Zuhause einreden: "Schnell nach Hause bei diesem Wetter", vielleicht müssen auch Sie jetzt schmunzeln, weil Ihnen diese "Ausrede" bekannt vorkommt? Aber genau das sind die typischen und eigentlich schlechten Argumente, vor allem bei kalten Temperaturen draußen.

Natürlich mit der Ausnahme des "Zugs" im Nacken, beispielsweise beim Durchlüften der Wohnung, ständig laufendem Ventilator im Raum oder beim Cabriofahren.

Aktiv gegen Rückenschmerzen

PRÄVENTION

Was ist das? Kein Grund zu Panik, kurz zur Erklärung: Prävention bedeutet nichts anderes als "Vorbeugen", "Zuvorkommen". Es bedeutet die Maßnahme, die darauf abzielt, unerwünschte Situationen abzuschwächen oder diesen vorzubeugen. Sie versucht, die Verschlimmerung von Krankheiten, Beschwerden oder Schmerzen zu verhindern.

Warum ist Prävention so wichtig? Weil durch bestimmte Maßnahmen Krankheiten und Beschwerden entgegengewirkt werden kann. Mit der richtigen Prävention können mögliche Beschwerden vielleicht sogar ausbleiben, Bezug nehmend auf die allseits beliebten Rückenschmerzen können Maßnahmen ab dem jungen Alter, wie z. B. Rückenstärkende Übungsprogramme, Hilfe leisten und es gelingt vielleicht sogar, ein vorübergehendes Ausbleiben der Schmerzen, weil Ihre Muskulatur so gestärkt ist, dass sie außerordentliche Bewegungen wegstecken kann. Deshalb hat dieses Thema auch einen großen Stellenwert in unserer Gesellschaft.

Und wie Sie bereits aus dem Text entnehmen konnten, steht mittlerweile außer Frage, welche Präventionsmaßnahmen bei Rückenschmerzen im Vordergrund stehen. Sie kommen nicht drauf? Kein Problem, ich sage es Ihnen:

Bewegung, Bewegung, Bewegung.

Die Volkskrankheit hängt viel mit der Bequemlichkeit der Menschheit heutzutage zusammen. Wir liegen lieber auf der Couch, als uns sportlich zu betätigen. Dabei möchte ich Ihnen gar nicht unterstellen, dass Sie ein Couch-Potato sind, aber kommt es Ihnen vielleicht trotzdem in einer gewissen Art und Weise bekannt vor? Und genau das ist die falsche Einstellung, wenn Sie mit Beschwerden im Rücken- und Wirbelsäulenbereich zu kämpfen haben. Es gibt einfache Übungen, wie Sie dem entgegenwirken können, wenn Sie dranbleiben. Manchmal fordert es auch nur einen Tick mehr Ehrgeiz und starken Willen. Egal, ob Ihr Schmerz gerade begonnen hat oder Sie schon seit Jahren damit leben. Folgende bewährte Selbsthilfeschritte können eine Linderung verschaffen. Machen Sie z. B. sanfte Bewegungen und einfache alltägliche Dinge: wie z. B. spazieren gehen, rückenschwimmen oder tanzen. Dabei spielt es gar keine Rolle, ob es etwas mit Sport zu tun hat oder nicht, einfache Aktivitäten wie Strecken und Dehnen, das Ausschütteln von Extremitäten oder Kopf senken und strecken hilft, Schmerzen zu lindern, indem starre und versteifte Muskeln, Bänder und Gelenke gedehnt werden. Also fangen Sie nicht erst an, wenn die Schmerzen so belastend sind, dass Sie keinen anderen Ausweg mehr sehen.

Atemübungen können Schmerzen lindern
Für Atemübungen zwischendurch ist immer Zeit, sei es im Büro oder während einer längeren Autofahrt, denn die Konzentration auf Ihre Atmung kann helfen, wenn Sie Schmerzen haben. Kommt es Ihnen vielleicht bekannt vor, dass Sie schnell in

Panik verfallen, sobald Sie erste starke Schmerzen überkommen? Schnell verfällt man nämlich dann in die Angewohnheit flacher und zügiger zu atmen, was aber in erster Linie nur noch mehr Angst auslöst, mit der möglichen Folge eines Schwindelanfalls.

Bei starken Schmerzen ist es sehr häufig so, dass Sie mit flachen und schnellen Atemzügen beginnen, die Schwindel, Angst oder Panik auslösen können. Tun Sie dies nicht. Atmen Sie stattdessen langsam und tief ein, das hilft Ihnen, sich besser unter Kontrolle zu fühlen, hält Sie entspannt und verhindert, dass Muskelverspannungen oder Angstzustände die Kontrolle übernehmen und Ihre Schmerzen somit verschlimmern.

Lenken Sie sich ab

Ablenkung tut der Psyche immer gut. Verlagern Sie Ihre Aufmerksamkeit auf etwas anderes, damit der Schmerz nicht ständig Mittelpunkt Ihrer Gedanken ist. Denn: Wer viel über eine Sache nachdenkt, kann sich schnell verlieren und sich so hineinsteigern, dass man sich in diesem Moment einfach keinen anderen Rat mehr weiß, obwohl gar kein Grund zur Verzweiflung besteht, weil viele dieser Beschwerden grundsätzlich heilbar sind. Beschäftigen Sie sich mit Dingen, die Ihnen Spaß machen, gehen Sie raus, treffen Sie Ihre Freunde oder lenken Sie sich mit anderen Hobbys wie beispielsweise Nähen oder Stricken ab. Einfach Hausarbeit kann auch Abhilfe schaffen und sorgt garantiert für Ablenkung.

Entspannen Sie sich, um den Schmerz zu lindern
Entspannungstechniken können helfen. Es gibt viele davon. Yoga ist beispielsweise eine Möglichkeit. Dabei entspannt der gesamte Körper, Sie achten auf Ihre Atmung und konzentrieren sich nur auf sich und Ihr Inneres. Natürlich gibt es auch andere Möglichkeiten oder Meditationsarten. Informieren Sie sich doch einfach in Ihrer Stadt oder bei Ihrem Arzt, so können Sie vielleicht ein Angebot eines Kursprogramms in Anspruch nehmen und das Gute, dort können Sie neue Kontakte knüpfen, die sogar ähnliche Beschwerden wie Sie haben, so können Sie vielseitige Erfahrungen untereinander austauschen und sich selbst zu einem gemeinsamen Spaziergang an der frischen Luft einmal in der Woche verabreden.

Was viele nicht wissen: Prävention kann schon am Arbeitsplatz beginnen und das gelingt meistens ganz einfach zwischendurch. Während Sie wie wild auf Ihre Computer-Tastatur schlagen, können Sie mit folgenden Übungen die Sache etwas entspannter angehen lassen, diese lassen sich hier in ein paar einfachen Schritten erklären:

• <u>Beckenbalance – aufrechte Sitzhaltung</u>

Schwingen Sie sich locker in eine aufrechte Sitzhaltung, in etwa einem gesunden Ausgleich zwischen Rundrücken und Hohlkreuz. Anschließend spannen Sie Ihre Bauch- und Gesäßmuskulatur an. Drücken Sie Ihre Schulterblätter nach hinten und gleichzeitig nach unten, dabei atmen Sie ganz ruhig, wie gewohnt weiter.

Wichtig: keine Pressatmung.

➤ Ziel ist es, ein Gefühl für eine ganz aufrechte Sitzhaltung zu gewinnen, damit eine aktive Aufrichtung der Wirbelsäule gewährleistet ist, korrekte Atemtechnik anwenden und Ihren Körper richtig wahrzunehmen.

Als kleiner Tipp: Kennen Sie einen Intervall-Timer? Dieser lässt sich beliebig von Ihnen programmieren, von 30 Sekunden bis zu 10 Minuten. Legen Sie diesen Timer einfach auf Ihren Schreibtisch, programmieren Sie in so, dass er alle 10 Minuten piepst oder ein anderes Signal ertönt. Dieser soll Sie an Ihre aufrechte Haltung erinnern. Wenn Sie viel am Schreibtisch bzw. im Schreibtischstuhl sitzen, ist eine gerade Haltung für Rücken-, Schulter- sowie Nackenpartie sehr wichtig. Da die aufrechte Haltung aber nach weniger Zeit wieder einknickt, weil Sie in Gedanken sind oder automatisch in die alte Stellung verfallen, so ist dies eine wunderbare Ergänzung zu Ihrem Alltag, in dem Sie natürlich nicht dauerhaft auf eine ordnungsgemäße Haltung achten.

• <u>Grundspannung im Sitz</u>

Setzen Sie Ihre Füße schulterbreit auf den Boden auf, machen Sie Ihren Rücken dabei gerade. Pressen Sie Ihre Füße fest auf den Boden. Bauch- und Gesäßmuskulatur anspannen. Jetzt Schultern aktiv nach unten drücken, Ihr Kopf zieht nach oben, dadurch kommt es automatisch zu einer Streckung der Wirbelsäule.

Achtung: Achten Sie dabei auf jeden Fall auf eine entspannte Kopfhaltung (Kopf nach hinten mit leichtem Blick nach oben).

➢ Ziel ist es, eine Kräftigung der Schulter- und Nackenmuskulatur zu schaffen.

• Alternativ-Übung – Grundspannung im Sitz – Teil 2

Setzen Sie Ihre Füße schulterbreit auf den Boden
auf, machen Sie Ihren Rücken dabei gerade. Füße
auf den Boden pressen. Bauch- und Gesäßmuskulatur anspannen. Verschränken Sie nun Ihre Hände
am Hinterkopf und bauen Sie so langsam durch Ihre
Körperkraft Spannung gegen die Hände auf. Spannung danach wieder langsam reduzieren.
Wichtig: Bauen Sie den Druck gegen die Hände allerdings nur so stark aus, dass Sie die Spannung
dagegen noch als angenehm empfinden, es bringt
nichts, mutwillig und mit voller Kraft dagegen zu
spannen, nur so wie es Ihr Gefühl zulässt.

➢ Ziel: Festigung der Halswirbelsäule sowie Stabili-
sierung und Kräftigung der Nackenmuskulatur.

• Leichte links / rechts Kopfbewegungen

Stellen Sie sich hüpft breit auf, lassen Sie die Hände
locker nach unten hängen. Führen Sie Ihre Schultern nach unten hinten zusammen. Nun drehen Sie

lediglich Ihren Kopf langsam und bewusst zur rechten Seite, verweilen Sie dort für etwa 6 – 8 Sekunden, anschließend drehen Sie Ihren Kopf wieder auf die Ausgangsposition nach vorne. Das gleiche Prozedere führen Sie jetzt mit der linken Seite durch.

➢ Ziel: Streckung und Dehnung der Nacken- und Schultermuskulatur.

Weitere Tipps für den Nacken-, Schulter- und Rückenbereich:

- Halten Sie Ihren Kopf immer möglichst gerade.
- Gewöhnen Sie sich ab, den Hörer beim Telefonieren zwischen Ohr und Schulter einzuklemmen.
- Machen Sie Bewegungspausen.
- Kleine Dehn-Übungen am Arbeitsplatz helfen immer.
- Wärme ist Balsam für einen schmerzenden Nackenbereich (Wärmepackung oder Wärmpflaster zu empfehlen).
- Ein gut eingerichteter Arbeitsplatz hilft.

• <u>Bei sitzenden Tätigkeiten</u>: Stellen Sie die Lehne Ihres Schreibtischstuhls so ein, dass der Rücken ca.

15 – 20 cm über der Sitzfläche gestützt ist. Nicht längere Zeit ohne jegliche Unterbrechung in der gleichen Haltung verweilen, zwischenzeitlich aufstehen, dehnen oder Streckübungen für zwischendurch anwenden (Ihre Bandscheiben leben von der Bewegung)!

• <u>Bei stehenden Tätigkeiten:</u> Wählen Sie die Höhe Ihres Arbeitsplatzes so, dass Sie bequem aufrecht stehen können. Wenn möglich, ein Bein abwechselnd hochstellen und/oder bewegen.

Außerdem ein letzter Punkt, worüber Sie wahrscheinlich bisher eher weniger nachgedacht haben, ist das richtige Schuhwerk:

Schuhe mit weicher Sohle sollten Sie bevorzugen (Stoßdämpfung für Ihre Wirbelsäule und Gelenke). Achten Sie als Frau darauf, dass Sie selten hohe Absätze tragen, je höher der Absatz Ihrer Schuhe, desto stärker ist die Belastung der Lendenwirbelsäule, d. h. Sie geraten in die Gefahr in eine Hohlkreuzstellung zu geraten.

Also werden Sie heute noch aktiv gegen Rückenschmerzen. Es beginnt bei der Prävention. Versuchen Sie, einige Tipps in die Tat umzusetzen und Rückenschmerzen können womöglich auf Dauer gelindert werden oder ganz wegbleiben. Viel Glück dabei.

10 Tipps gegen Rückenschmerzen

Wie die Überschrift schon sagt, Top-Ten der Tipps und Tricks gegen Rückenschmerzen. Und das gibt es? Schnell und einfach Abhilfe schaffen? Oh ja, das gibt es. Erfahren Sie hier die "Wundermittel":

Tipp Nr. 1: Gewicht möglichst abbauen, um gegen die Rückenschmerzen vorzugehen.

Tipp Nr. 2: Auch beim Sitzen in Bewegung bleiben.

Tipp Nr. 3: Trockenübungen, Muskulatur stärken und das nur 10 Minuten am Tag.

Tipp Nr. 4: Wärmetherapie löst Verspannungen und Schmerzen.

Tipp Nr. 5: Rückenschule besuchen.

Tipp Nr. 6: Vorsicht beim Heben und Tragen.

Tipp Nr. 7: Ergonomische Stühle und Tische für den Arbeitsplatz.

Tipp Nr. 8: Gesund ernähren und viel trinken, um Knochen und Muskeln zu stärken.

Tipp Nr. 9: Stress abbauen und Schmerzen vorbeugen.

Tipp Nr. 10: Richtige Matratze, beachten Sie: Eine gute Matratze muss nicht immer teuer sein.

FAZIT ZU DEN TIPPS GEGEN RÜCKENSCHMERZEN

Es gibt viele Möglichkeiten, die Schmerzen im Rücken zu bekämpfen und nicht auf Schmerzmittel angewiesen zu sein. Ernähren Sie sich gesund, trinken Sie mindestens 2 Liter am Tag, reduzieren Sie mögliches Übergewicht, gönnen Sie sich eine gute Matratze und stellen Sie einen Antrag bei Ihrem Arbeitgeber für einen ergonomischen ausgerichte-

ten Arbeitsplatz. Mit vielen kleinen Kniffeleien gelingt auch Ihnen eine Erleichterung und stimmt Sie
positiv. Gehen Sie mit einem guten Gefühl an die
Sache.

Ihr Übungsprogramm für Zuhause

Jetzt kommen wir zu dem wichtigsten Teil. Sie haben nun ausreichend und vielseitige Informationen rund um den Rücken, seine Schmerzen, Ursachen, Therapie, Mythen und Chancen gewonnen.

Der mit Abstand aber wichtigste Teil kommt jetzt: Mit diesen einfachen Übungen stärken Sie Ihren Rücken und mobilisieren die Wirbelsäule und das jeden Tag ganz bequem von Zuhause. Dabei wird nicht nur die Rückenmuskulatur gestärkt, auch die Bauchmuskulatur arbeitet aktiv mit, denn eine starke Bauchmuskulatur und ein kräftiger Rumpf sind ebenfalls wichtig, um Rückenbeschwerden vorzubeugen.

Alles, was sie für die Rückengymnastik brauchen, ist eine rutschfeste Trainingsmatte, ein kleines Handtuch zum Unterlegen sowie bequeme und elastische Kleidung, im besten Fall Sportbekleidung.

Im Folgenden werden zunächst die Trainingsoberbegriffe genannt, anschließend erfolgt eine ausführliche Erklärung über die Ausführung der jeweiligen Übungen, Schritt für Schritt mit Korrekturhinweisen, dann heißt es für Sie nur noch ab auf die Übungsmatte und die Schritte nach und nach, ganz bequem auf Ihre Geschwindigkeit abgestimmt, ausführen.

Versuchen Sie, die Übungen so sauber wie möglich auszuführen, auch wenn das nicht direkt beim ersten Mal gelingt und Sie bei der einen oder anderen Übung zuerst einmal aus dem Gleichgewicht geraten, bleiben Sie dran. Bedenken Sie, auch der größte und beste Sportler hat einmal klein angefangen.

Übung macht den Meister! Bleiben Sie dauerhaft aktiv, denn Ausreden wird es spätestens jetzt keine mehr geben. Der Rücken wird es Ihnen danken und nach den ersten Wochen können Sie bereits eine deutliche Verbesserung und Schmerzlinderung spüren, und das täglich für nur ca. 15 – 20 Minuten, versprochen. Nun aber ab auf die Matte und ganz viel Spaß mit dem Trainingsprogramm zum Nachmachen.

Ach, bevor wir es vergessen, oder wollten Sie sich jetzt etwa wieder auf die Couch verkriechen, weil Sie vermutlich der Meinung sind, dass bekommen Sie nicht hin? Nein, natürlich sind die Übungen für jedermann, egal, ob Mann oder Frau, Anfänger oder Fortgeschrittener, Ausreden passé.

Kommen wir zu den 5 Übungen für einen starken Rücken ohne Geräte:
Warum Training für Ihren Rücken wichtig ist? Ich verrate es Ihnen.

Ein gut trainierter Rücken wird:
- weniger anfällig, dadurch auch weniger Beschwerden machen
- besser von der Muskulatur gestützt
- Ihre Körperhaltung verbessern.

Und denken Sie dran, nicht jede Übung gelingt Ihnen gleich oder gleich gut, aber das ist gar nicht schlimm. Sie entwickeln mit der Zeit ein eigenes Gefühl für diese Übungen und Ihnen fällt auf, welche Schritte wichtig sind für eine richtige und gewissenhafte Durchführung und vor allem Ausführung. Das eigene Gefühl dafür ist schnell entwickelt und das bei absolut jeder dieser folgenden Übungen. Bleiben Sie dran und diese Übungen gelingen Ihnen in wenigen Wochen ganz einfach. Die verschiedenen Übungen wurden extra so abgestimmt, dass jeder Anfänger schnell hineinfindet und sich keiner großen oder schwierigen Herausforderung stellen muss. Wir wollen nicht, dass Sie nach einer Woche aufgeben, weil Ihnen die Übungen zu schwer erscheinen. Daher wurden genau diese Übungen ausgewählt, um Ihnen einen einfachen Start zu ermöglichen, wo Sie auch mit Spaß dauerhaft dranbleiben können. Sie werden merken, dass Ihnen nach einer gewissen Zeit diese Übungen einfach von der Hand gehen, spätestens wenn Sie das merken, dürfen Sie jederzeit all diese Übungen in den Zeitangaben so abwandeln, dass es Ihrem Leistungsniveau angepasst ist.

Grundsätzlich dürfen von Ihnen selbstständig alle Übungen gesteigert werden. Dieses Work-out wurde so entwickelt, dass mit entsprechenden vorgegebenen Zeiten als Anfänger eingestiegen werden kann und somit aktiv begonnen wird, mit den wichtigsten Übungen Ihre Rückenmuskulatur zu stärken. Also, wenn Sie als Einsteiger beginnen, halten Sie sich zunächst an die angegebenen Zeiten und steigern sich erst dann, wenn Sie sich mit der Übung sicher fühlen.

Beginnen wir nun ganz einfach, zunächst wird der Oberbegriff erklärt. Anschließend gibt es eine kleine aufgeführte Liste, dort erfahren Sie, welche Muskelgruppen beansprucht werden und wie leicht oder schwierig diese Übung in der Umsetzung ist. Daraufhin folgt eine ausführliche Erklärung über Ihre Ausgangsposition und Ihre Ausführung in einem grau hervorgehobenen Kästchen, bitte beachten Sie diese genau, es ist besonders wichtig und Grundvoraussetzung, eine saubere Ausführung zu gewährleisten. Die Korrekturhinweise im Anschluss sind hilfreiche und nützliche Tipps, die Sie in Ihrer Ausführung beachten sollten, korrigieren Sie Ihre Position gegebenenfalls, dies hilft Ihnen bei einer sauberen Ausführung.

Übung Nummer 1: Der „Vierfüßlerstand" = diagonal Beine und Arme anheben

Muskeln:

Bauchmuskulatur und Rückenmuskulatur, in der Streckbewegung von Schulter und Hüftgelenk aktivieren Sie die Schulterblattmuskulatur und die Gesäßmuskulatur

Hilfsmuskeln:

Beinbizeps-Muskel, Abduktoren-Muskel

benötigt: ohne Geräte durchführbar

optional: Fitnessmatte, Übungsband, Gewichtsmanschetten

Schwierigkeit: leicht

trainiert: Kraft

Ausgangsposition und Ausführung:

Beim „Vierfüßlerstand" befinden Sie sich auf allen Vieren, das heißt, zunächst knien Sie sich auf die Matte, dabei achten Sie schon auf den richtigen Abstand der Knie, diese sollen genau hüftbreit auseinander stehen. Anschließend stützen Sie Ihre Hände mit ausgestreckten Armen auf der Matte ab, also die einzigen Punkte, die jetzt noch den Boden berühren sollten, sind Ihre Hände, Ihre Knie und die liegenden Schienbeine sowie Füße auf der Matte. Ihre Hände sollten sich unter den Schultern befinden und die Knie unter der Hüfte.

Heben Sie jetzt diagonal ausgestreckt zuerst einen Arm und ein Bein an, bis Ihr Arm auf Höhe der Schulter und Ihr Bein auf Höhe der Hüfte ist.

Korrekturhinweise

• Spannen Sie dabei Po und Bauch an, dies unterstützt das Gleichgewicht

• Achten Sie darauf, dass keine Rotation im Rumpfbereich stattfindet

• Behalten Sie Ihren Kopf in Verlängerung der Wirbelsäule

• Fixieren Sie einen genauen Punkt auf der Matte, während der kompletten Übungsausführung fixieren Sie genau diesen Punkt, so geraten Sie weniger aus dem Gleichgewicht.

• Kurz anhalten und dann wieder langsam absenken und Knie sowie Ellenbogen eingliedern

• Hohlkreuz vermeiden

- Die Bewegung kommt lediglich aus dem Schulter- und dem Hüftgelenk
- Zwei Trainingssätze pro Seite á 20 – 45 Sekunden
- Zwischen jedem einzelnen Satz ca. 15 – 30 Sekunden Pause.

Einsteigerübung: Heben Sie entweder nur ein Bein oder nur einen Arm, später gern Steigerung.

Übung Nummer 2: Die „Schulterbrücke" = Beckenheben mit Bein anheben
Muskeln: Beininnenseite der Oberschenkelmuskulatur, Muskeln unterer Rücken

Hilfsmuskeln: Oberschenkelmuskulatur der Beininnenseite

benötigt: ohne Geräte durchführbar
optional: Fitnessmatte
Schwierigkeit: normal
trainiert: Kraft

Ausgangsposition und Ausführung:
Bei der „Schulterbrücke" legen Sie sich flach mit

dem Rücken auf die Matte, Arme seitlich neben Ihrem Körper ablegen, optional nach hinten ausstrecken (aufgrund der geringen Kontaktfläche ist diese Übung etwas herausfordernder). Nun winkeln Sie Ihre Beine so an, dass Ober- und Unterschenkel einen 90 Grad Winkel bilden und stellen die Füße auf. Fußspitzen Richtung Körper anziehen (optional). Jetzt heben Sie aus Ihrer Po-Muskulatur und der Oberschenkelrückseite Ihr Becken nach oben, bis Ihr Oberkörper und Ihre Beine in einer geraden Linie zueinander stehen.

Korrekturhinweise
• Lassen Sie diese Kraft NICHT aus dem Rücken kommen
• Jetzt strecken Sie ein Bein in Verlängerung des Oberkörpers aus
• Die Position für ca. 3 Sekunden halten und anschließend wird das Bein gewechselt
• Machen Sie drei Trainingssätze á 20 – 45 Sekunden, je nach Leistungsniveau
• 15 – 30 Sekunden Pause zwischen den einzelnen Sätzen
• Einsteiger können diese Übung auch so ausfüh-

ren, dass nur das Becken auf und ab bewegt wird, anfänglich ohne ein Bein auszustrecken

Übung Nummer 3: Der "Rumpfheber" = In Bauchlage Oberkörper anheben

Muskeln: Kräftigung der unteren Rumpfmuskulatur

Hilfsmuskeln: Rückenmuskel, Gesäßmuskel, Bauchmuskulatur

benötigt: ohne Geräte durchführbar
optional: Fitnessmatte
Schwierigkeit: mittel
trainiert: Kraft - isometrisch

Ausgangsposition und Ausführung:
Bei dem „Rumpfheber" legen Sie sich in Bauchlage ganz flach auf die Matte. Strecken Sie beide Arme nach vorne aus und stellen die Fußspitzen auf. Nun spannen Sie Bauch, Rücken und Ihr Gesäß fest an. Ihr Blick bleibt dauerhaft auf dem Boden gerichtet. Jetzt heben Sie den Oberkörper leicht an, am Anfang kann diese kleine Sache ganz schön schwierig sein, was viele dabei vergessen ist, dass die Atmung

weitergehen soll; aus Reflex strengen Sie sich nämlich so an und konzentrieren sich darauf, den Oberkörper anzuheben, dass Sie automatisch die Luft anhalten. Atmen Sie also langsam weiter.

Korrekturhinweise
• Halten Sie die Beine gestreckt.
• Beim Anheben des Oberkörpers bleiben die Fußspitzen auf der Matte stehen.
• Arme bleiben ganz gestreckt, dabei können Sie auch leichte Kreisbewegungen machen, alternativ rechts und links durch die Luft pendeln lassen.
• Ihren Bauch, Rücken und Po während der Übung dauerhaft anspannen
• Halten Sie die Position für ca. 8 Sekunden und legen Sie dann Ihren Oberkörper wieder ab.
• Immer weiter atmen
• Fangen Sie langsam an, 5 Sätze hintereinander á 8 Sekunden, je nach Leistungsniveau kann dies natürlich gesteigert werden.
• Sie können sich z.B. täglich um einen Satz steigern.
• 15 – 30 Sekunden Pause zwischen den einzelnen Sätzen.

Übung Nummer 3.1: Alternativübung zum Rumpfheber:

Ebenfalls in Bauchlage. Fußspitzen auf der Matte abstellen, Arme nach vorne strecken und mit Ihren Händen ein Geschirrtuch an den äußeren Rändern links und rechts greifen. Nun ziehen Sie Ihren Ellenbogen ganz gerade und gleichmäßig Richtung Körper, dabei heben Sie gleichzeitig auch Ihren Oberkörper an, als Einsteiger halten diese Stellung 4 – 5 Sekunden und bewegen Sie sich anschließend in die vorgeschriebene Ausgangsposition zurück.

Diese Übung teilt sich mit den Korrekturhinweisen des Rumpfhebers.

Dennoch hier noch mal das Wichtigste zusammengefasst:

• Ihren Bauch, Po und Rücken bei der Ausführung der Übung dauerhaft anspannen

• Ruhig weiter atmen

• Halten Sie die Position sowohl beim Ausstrecken der Arme als auch beim Heranziehen einige Sekunden.

Auch diese Übung können Sie steigern. Sie werden merken, wenn Sie diese Übung regelmäßig durchführen, dass Sie von Mal zu Mal besser werden und vielleicht sogar schon nach ein paar Tagen die vorgegebene Sekundenzahl überschreiten können.

Übung Nummer 3.2: Alternativübung zum Rumpfheber:

Zunächst legen Sie sich auf den Bauch und öffnen dabei die Beine hüpft breit. Legen Sie die Arme neben Ihren Oberkörper, sodass die Handflächen nach oben zeigen. Nun spannen Sie Ihren Bauch, Rücken und Ihr Gesäß an und heben die Beine und den Oberkörper leicht von der Übungsmatte ab. Bei der Übung ist es wichtig, dass Sie den Kopf nicht überstrecken, sondern dieser in Verlängerung der Wirbelsäule verbleibt.

Korrekturhinweise

• Die Matte wird nur vom unteren Bauch und dem Becken berührt.

• Um Ihren Rücken zu schützen, drücken Sie Ihr Schambein ein wenig in den Boden.

• Ihr Kopf bleibt in Verlängerung Ihrer Wirbelsäule.

• Kurz halten und wieder absenden

• Drei Trainingssätze á 20 – 45 Sekunden, je nachdem, wie fit Sie sind.

• 15 – 30 Sekunden Pause

- Für Einsteiger: Übung, siehe oben (normaler Rumpfheber-Übung) mit ausgestreckten Beinen und den Füßen auf der Matte aufgestellt.

Übung Nummer 4: Die "Rückenschaukel" = in Embryostellung schaukeln
Muskeln: stimuliert den Rücken, mobilisiert die Wirbelsäule, aktiviert den Kreislauf

Hilfsmuskeln: Rückenstrecker-Muskel

benötigt: ohne Geräte durchführbar
optional: Fitnessmatte
Schwierigkeit: einfach
trainiert: Stabilität, Gleichgewicht

Ausgangsposition und Ausführung:
Lassen Sie Ihren Körper auf der Übungsmatte in Rückenlage absinken, achten Sie dabei darauf, dass der Rücken ganz flach auf dem Boden liegt, lassen Sie dabei eine Bewegung, die Richtung Hohlkreuz führt, nicht zu. Die Wirbelsäule sollten Sie dabei aber nicht mit voller Kraft Richtung Matte drücken. Jetzt winkeln Sie Ihre Beine so an, dass zwischen

Ober- und Unterschenkel ein 90 Grad Winkel entsteht. Umfassen Sie dann mit Ihren Armen Ihre Schienbeine und ziehen Sie die Beine zu Ihrem Körper heran. Nun heben Sie Ihren Kopf gleichzeitig mit den Schultern leicht ab und wippen Sie über Ihre Wirbelsäule etwa 15-mal nach vorne und zurück. Konzentrieren Sie sich bei der Übung auf Ihre Körpermitte und versuchen Sie, nicht aus dem Gleichgewicht zu kommen. Spannen Sie dabei Ihren kompletten Körper an.

Korrekturhinweise
- Halten Sie die Beine fest am Körper.
- Während der Übung dauerhaft anspannen.
- Sie können bei dieser Übung schnell aus dem Gleichgewicht geraten und zur Seite fallen, einfach die Übung dann wiederholen.
- Schaukeln Sie etwa 15x nach vorne und zurück.
- Satz á 5x – 15x in einem Satz schaukeln
- immer regelmäßig weiter atmen
- 15 – 30 Sekunden Pause zwischen den einzelnen Sätzen

Gerade bei dieser Übung dehnen Sie Ihre Wirbelsäule und bemerken deutliche Erleichterung nach den ersten Tagen. Die Übung stärkt außerdem Ihren Gleichgewichtssinn, auch wenn dies nicht beim ersten Mal funktioniert und Sie wiederholt zur Seite fallen, führen Sie die Übung einfach immer und immer wieder aus, irgendwann klappt es, sicher. Diese Übung eignet sich außerdem hervorragend als Minieinheit, wenn es doch schneller gehen sollte oder Sie für ein ganzes Trainingsprogramm ausnahmsweise keine Zeit haben. Gute, einfache und schnelle Übung in einem für zwischendurch.

Übung Nummer 5: Der „Seitstütz" ⇒ Seitlicher Unterarmstütz

Wie sagt man so schön? Das Beste kommt zum Schluss?

Beim Seitstütz spielt unter anderem auch Kraft in den Armen eine wichtige Rolle, außerdem wird die Bauchmuskulatur mit dieser Übung gestärkt. Diese Übung ist also für die Muskulatur in drei Bereichen Ihres Körpers nützlich. 3 in 1, und das bei Rückenübungen.

Muskeln: seitliche Bauchmuskeln, Stabilität Rücken
Hilfsmuskeln: Rückenstrecker-Muskel, Gesäßmuskel

benötigt: ohne Geräte durchführbar

optional: Fitnessmatte

Schwierigkeit: normal

trainiert: Kraft – isometrisch

Ausgangsposition und Ausführung:

Legen Sie sich beim Seitstütz seitlich auf Ihre Fitnessmatte. Stützen Sie sich mit dem unteren Arm auf, achten Sie darauf, dass Ihr Unterarm anschließend direkt unter Ihren Schultern auf der Matte aufliegt. Ihre Füße übereinander legen, wobei der untere Fuß auf der Fußaußenkante ist. Die Hand des anderen Arms legen Sie auf Ihrem Oberschenkel ab. Nun führen Sie Ihre Hüfte nach oben, sodass Ihr Oberschenkel sich vom Boden abhebt.

Korrekturhinweis:

• Ihr Körper bildet von oben bis unten eine gerade Linie.

• Ihr Bauch ist während der kompletten Übung fest angespannt.

• Machen Sie zwei Trainingssätze pro Seite und halten Sie die Position, die Sie zuletzt ausführen, für etwa 20 – 40 Sekunden.

- 15 – 30 Sekunden Pause zwischen den einzelnen Sätzen
- Danach senken Sie Ihre Hüfte wieder langsam.
- Anschließend setzen Sie diese Übung auch auf der anderen Körperseite fort, damit Ihr Muskeltraining gleichmäßig erfolgt.
- Alternativ können Einsteiger das untere Bein absetzen und anwinkeln.

Ach, Stopp, fast vergessen, der Seitstütz war doch noch nicht ganz die letzte Übung.

Ernsthaft? Denken Sie sich jetzt wahrscheinlich. Sie waren doch gedanklich schon unter der Dusche und hatten schon Ihre Mahlzeit vor sich stehen sehen?
Aber Sie werden doch wohl noch nicht müde sein oder merken Sie vielleicht jetzt schon, dass Ihre Wirbelsäule zu arbeiten beginnt?

Eine letzte Übung folgt noch, na gut, es ist auch wirklich nur noch eine, versprochen. Diese Übung eignet sich hervorragend zum Abschluss Ihres jetzt ab sofort täglichen Trainingsprogramms, bei der Sie sogar richtige schnelle Erfolge erzielen können, sofern Sie dranbleiben.

So, jetzt habe ich Sie aber genug auf die Folter gespannt. Haben Sie vielleicht schon eine Vermutung, um welche Übung es sich bei der "wirklich letzten Einheit" handeln könnte?

Ich verrate es Ihnen:

Übung Nummer 6: der gute alte "Plank" = Unterarmstütz.

Na, schon mal was davon gehört? Mit Sicherheit.

Der Plank ist eine Übung für Ihren gesamten Körper, inklusive der Bauchmuskulatur, und nennt sich auf Deutsch Unterarmstütz. Es gibt unzählige Übungen, doch der „Plank" hat sich im Laufe der Zeit als eine ausgezeichnete Übung herausgestellt und ist optimal geeignet, den Schwierigkeitsgrad nach Belieben zu erhöhen.

Im Laufe des Abschnittes erfolgt daher auch eine 28-Tage-Challenge, dargestellt wird sie von Tag 1 bis 28 und den entsprechenden Zeiten, so haben Sie einen optimalen Überblick und sehen täglich, wie Sie sich steigern.

Muskeln: Rumpfmuskulatur

Hilfsmuskeln: Rückenstrecker, Trapezmuskel, Schultermuskel, Gesäßmuskel, vordere Oberschenkel, Beinbeuger

benötigt: ohne Geräte durchführbar

optional: Fitnessmatte, Handtuch

Schwierigkeit: für Anfänger schwer, knifflig und herausfordernd, aber wenn Sie einmal der Ehrgeiz dieser Übung gepackt hat, ist es ganz schnell auch eine schöne Übung.

trainiert: Kraft, Schnellkraft, Ausdauer, Core-Stabilität im Ganzen

Ausgangsposition und Ausführung:

Legen Sie sich in Bauchlage auf Ihre Matte und platzieren Sie die Ellenbogen unter den Schultern. Die Unterarme liegen gleich gerichtet zum Rumpf und Ihre Handflächen zeigen Richtung Zimmerdecke. (Alternativ können Sie die Hände miteinander verhaken). Halten Sie den Nacken fest und gerade und visieren Sie einen genauen Punkt zwischen Ihren Händen auf der Matte, das trägt zusätzlich zur Stabilität Ihrer Ausführung bei. Drücken Sie sich nun hoch und stützen Sie Ihren Körper nur mit den Zehenspitzen und den Unterarmen. Ihr Körper sollte jetzt eine gerade Linie bilden.

Korrekturhinweise
- Vermeiden Sie ein Hohlkreuz.
- Vermeiden Sie auch einen runden Rücken.
- Immer langsam weiter atmen, gern auch laut atmen.
- Bauen Sie Spannung auf, indem Sie Ihren Bauchnabel anziehen, die Knie durchdrücken, den Po anspannen und die Fersen von Ihnen wegschieben.
- Ihr Körper bleibt die gesamte Zeit stabil, in gerader Linie.
- Sollten Sie mit der Übung jetzt erstmalig beginnen, sollten Sie die Ellenbogen direkt unter der Schulter platzieren, denn je weiter die Unterarme nach vorne gerichtet sind, desto schwieriger wird die Übung für Sie werden.
- Profis: Durch das Anziehen der Beine wird zusätzlich noch Ihre schräge Bauchmuskulatur trainiert. So sind Sie auf dem perfekten Weg zu einem schönen, straffen Bauch.

Es gibt unzählige und vielseitige alternative Übungen und Umwandlungen der Plank-Einheit. Daher eignet sich der Unterarmstütz hervorragend sowohl für Anfänger als auch für Fortgeschrittene, weil durch kleine Veränderungen in der Position der Arme und Beine die Schwierigkeit erhöht werden kann. Hier einmal einige Umwandlungen davon in kurzer Beschreibung zusammengefasst:

Alternative Nr. 1.: Plank-Stellung mit Beinheben
Übung gut für: Gerade Bauchmuskeln, Po, hintere Oberschenkel
Beachten Sie: Beine ganz bewusst durchstrecken und den Po dauerhaft in angespannter Position halten
Durchführung: ca. 5 Wiederholungen pro Seite, langsam

Alternative Nr. 2.: Plank mit Arm- und Beinheben
Übung gut für: Gerade Bauchmuskeln, oberer Rücken, Schultern, Po, hintere Oberschenkel
Beachten Sie: Entspannen Sie Ihren Nacken und halten Sie wie in der Übung zuvor Arme und Beine bewusst durchgestreckt
Durchführung: Etwa 5 Wiederholungen pro Seite

Alternative Nr. 3.: Knee to Chest Plank
Übung gut für: Gerade Bauchmuskulatur, Po und

unterer Rücken

Beachten Sie: Ziehen Sie Ihre Knie nah zur Brust, Rücken ein wenig runden

Durchführung: Ungefähr 10 Wiederholungen, Tempo kann gesteigert werden

Alternative Nr. 4.: Knee to Elbow Plank

Übung gut für: Gerade Bauchmuskulatur, seitliche Bauchmuskeln, unterer Rücken, Po

Beachten Sie: Weit auf die Zehenspitzen kommen, um Knie zum Ellenbogen zu bringen

Durchführung: 10 Wiederholungen, Tempo steigern

Alternative Nr. 5.: Unterarmstütz mit Hip Twist

Übung gut für: Seitliche Bauchmuskeln, gerade Bauchmuskeln, Rücken im unteren Bereich

Beachten Sie: Ihre Hüfte bei jeder Bewegung ganz knapp über den Boden richten und dann mittig mit Konzentration und fixiertem Punkt anheben

Durchführung: 10 Wiederholungen

Alternative Nr. 6.: Reverse Plank

Übung gut für: Gerade und hintere Bauchmuskeln, unterer Rücken, Po

Beachten Sie: Die Hüfte bewusst Richtung Zimmerdecke ziehen, nicht erschlaffen

Durchführung: 30 Sekunden halten

Alternative Nr. 7.: Reserve Plank mit Beinheben

Übung gut für: Gerade Bauchmuskeln, unterer Rücken, Po, Oberschenkel

Beachten Sie: Hüfte Richtung Decke und Beine bewusst durchstrecken

Durchführung: 5 Wiederholungen pro Seite, langsam arbeiten

Jetzt kommen wir zu der Challenge, die bereits im oberen Textabschnitt angesprochen wurde. Es ist eine schöne Herausforderung, der auch Sie sich stellen dürfen. Eine sogenannte "28-Tage-Plank-Challenge". Haben Sie von so einer Challenge schon gehört? Folgen Sie einfach den Schritten und halten Sie sich an die Zeiten. In 28 Tagen werden Sie es uns danken.

Probieren Sie es aus und testen Sie Ihren Ehrgeiz und Ihr Können.

Viel Spaß dabei.

Hier die Plank-Challenge, ganz einfach und selbsterklärend:

Tag 1: 20 Sekunden Plank

Tag 2: 20 Sekunden Plank

Tag 3: 30 Sekunden Plank

Tag 4: 30 Sekunden Plank

Tag 5: 40 Sekunden Plank

Tag 6: Pause

Tag 7: 45 Sekunden Plank

Tag 8: 45 Sekunden Plank

Tag 9: 60 Sekunden Plank

Tag 10: 60 Sekunden Plank

Tag 11: 60 Sekunden Plank

Tag 12: 90 Sekunden Plank

Tag 13: Pause

Tag 14: 90 Sekunden Plank

Tag 15: 90 Sekunden Plank

Tag 16: 120 Sekunden Plank

Tag 17: 120 Sekunden Plank

Tag 18: 150 Sekunden Plank

Tag 19: Pause

Tag 20: 150 Sekunden Plank

Tag 21: 150 Sekunden Plank

Tag 22: 180 Sekunden Plank

Tag 23: 180 Sekunden Plank

Tag 24: 210 Sekunden Plank

Tag 25: Pause

Tag 26: 210 Sekunden Plank

Tag 27: 240 Sekunden Plank

Tag 28: bis zur Erschöpfung

Seien Sie stolz auf sich, Sie haben es geschafft und knallhart durchgezogen, super, weiter so!

Ich wette, spätestens jetzt sind Sie verdammt stolz auf sich, und das können Sie auch vollkommen zu Recht!

Sie sehen, es kann auch unheimlich Spaß machen und wenn sich dann die ersten Erfolge bemerkbar machen, ist es umso schöner und Ihr Verdienst der schweißtreibenden Arbeit, die Sie bereits erfolgreich absolviert haben. Wir sind stolz auf Sie, also können Sie es auf sich auch sein.

Jetzt heißt es aber, dranzubleiben, da kommen Sie jetzt nicht mehr drum herum.

Nach dem Workout
ist vor dem Workout

Kommen wir nun zu einem letzten wichtigen Thema, das ich Ihnen kurz etwas beschreiben möchte. Rückenübungen sind meist sehr anstrengend. Da der "Rücken" eine sehr große Muskelgruppe ist, die Sie sehr vielseitig trainieren können, verbraucht Ihr Körper hier auch besonders viel Energie: Die Folge: Direkt nach dem ausgiebigen Rückentraining ist es besonders wichtig, wieder zu neuen Kräften zu kommen und Energie zu tanken, da Sie zunächst erschöpft und ausgepowert sein werden. Für eine gesunde Regeneration braucht Ihr Körper die richtigen Nährstoffe. Optimal ist hier eine ausgewogene Mahlzeit nach Ihrer Trainingseinheit. Proteine helfen Ihnen dabei, Ihre beanspruchte Muskulatur wieder aufzubauen. Kohlenhydrate und Fette sorgen dafür, dass Ihre ausgepowerten Energiespeicher wieder aufgefüllt werden. So haben Sie die besten Voraussetzungen, um sich beim nächsten Training wieder zu steigern. Daher sollte man nach dem Training schnellstmöglich eine Kombination aus Kohlenhydraten und Proteinen zu sich nehmen. Ein Zeitfenster von 45 Minuten raten Experten, um Essen nach dem Sport zu sich zu nehmen. Zu einer gesunden Mahlzeit nach dem Sportprogramm zählen hierzu beispielsweise: mageres Putenfleisch, eine Portion Reis, Fisch, Eier, Salat, Gemüse.

Außerdem gesund für den "kleinen Hunger" über den Tag verteilt ist: Natur-Joghurt, Walnüsse, Banane bzw. Obst allgemein (vorzugsweise allerdings nur den Tag über, weil Obst viel Fruchtzucker enthält und am Abend daher nicht zwingend empfohlen wird), ansonsten auch Paprika, Tomaten, Gurken und vieles mehr.

Schlusswort

Wenn Sie von Grund auf mit einer positiven Einstellung in das Thema gehen und sich an die einen oder anderen grundlegenden Dinge bzgl. des Themas Rückenschmerzen und wie Sie diese lindern können halten, werden Sie sehen, dass gar nicht so eine große Schwierigkeit dahintersteckt und es jeder schaffen kann, diesen Beschwerden vorzubeugen. Lesen Sie sich diesen Ratgeber gewissenhaft durch oder hören Sie ihn sich bis zum Ende an, verfolgen Sie die aufgezählten Schritte. Geben Sie zusätzlich ein wenig Acht auf sich und Ihre Gesundheit und beachten Sie Nebeneffekte, die Ihnen für gewöhnlich eigentlich nicht bewusst sind, denn diese können auch der Grund sein für das Auslösen Ihrer Symptome. Allein unter guten Voraussetzungen am Arbeitsplatz mit z. B. Rücken- und/oder höhenverstellbarem Schreibtischstuhl oder höhenverstellbarem Schreibtisch und nicht zu vergessenden Bewegungspausen zwischendurch ist dies bereits ein Anfang und der erste Weg in die richtige Richtung. Achten Sie auf Bewegungen, es ist ganz egal, womit die Bewegung zu tun hat, sei es ein leichter Spaziergang, ein Tanz am Abend oder Übungen, die die Muskulatur stärken und den Herzkreislauf nach einem gestressten Arbeitstag wieder in Schwung bringen.

Lenken Sie sich ab, treffen Sie Freunde oder besuchen Sie eine Rückenschule in Ihrer Stadt, wo Sie die Möglichkeit haben, neue Menschen kennenzulernen und sich sogar mit Ihnen austauschen zu können.

Zusätzlich wird empfohlen, sich morgens nach dem Erwachen einmal kräftig durchzustrecken. Strecken Sie die Arme in die Luft und machen Sie sich ganz lang, somit dehnen Sie bereits die Wirbelsäule, strecken Sie sich dann weiter von links nach rechts und wiederholen dies so oft, wie es Ihnen guttut. Danach fühlen Sie sich automatisch schon viel wacher. Auch ein guter Trick morgens nach dem Aufwachen ist der folgende: Knien Sie sich auf Ihre Matratze und lassen Sie Ihr Gesäß nach hinten auf Ihren Fersen ab, strecken Sie Ihre Arme und Hände weit nach vorne und ziehen Sie sich im Anschluss immer ein Stückchen weiter nach vorne, gern können Sie auch einige Minuten nur so in dieser Stellung bleiben, ohne weitere Bewegungen nach vorne zu machen, das dehnt und streckt Ihre Wirbelsäule, vor allem nach einer nicht so entspannten Nacht.

Eine andere wichtige Rolle spielt das Thema Trinken, bei der ich Ihnen vorab gern eine Frage stellen würde: Trinken Sie auch zu wenig Wasser? Wissen Sie, dass es unser Lebenselixier ist? Wir brauchen es wie die Luft zum Atmen und trotzdem fällt es vielen Menschen schwer, mehr zu trinken. Trinken Sie direkt morgens nach dem Aufstehen schon ein Glas Wasser, das kurbelt Sie und Ihren Kreislauf an und Ihr Körper braucht nichts dringender als Flüssigkeitszufuhr direkt nach dem Erwachen. Aber bitte nicht falsch verstehen, es reicht nicht, nur am Morgen ausreichend Flüssigkeit auf-zunehmen. Ihre Trinkmenge sollte sich auf mindes-tens 1,5 – 2 Liter am Tag belaufen, versuchen Sie, diese Richtlinie einzuhalten. Gut funktioniert dies mit einer von Ihnen gekauften großen Trinkflasche, füllen Sie sich eine Flüssigkeit Ihrer Wahl auf und stellen Sie diese neben Ihrem Arbeits-Computer ab, so ist die Flasche immer in Ihrem Blickfeld und Sie haben öfter das Bedürfnis, trinken zu wollen. Es wurde die Erfahrung gemacht, dass man aus einer Trinkflasche viel mehr trinkt als aus einem Glas oder gar einer Wasserflasche. Ihre Trinkflasche können Sie außerdem überall mit sich tragen, ver-passen Sie der Flasche einen Henkel oder achten Sie schon bei dem Kauf auf eine einfache Tragemög-lichkeit. Sie merken, dass Sie im Unterbewusstsein viel öfter zu dieser Flasche greifen, wenn Sie sie dauerhaft mit der Hand umschließen. Wenn Sie sich jetzt denken "Wasser", immer nur dieses öde Was-ser, es ist zu eintönig und schmeckt Ihnen einfach nicht? Auch in diese Richtung gibt es Tipps, die Ab-hilfe schaffen. Heutzutage sind wir so fortgeschrit-ten, dass es Möglichkeiten gibt, Ihren Geschmacks-und Geruchssinn einzusetzen und z. B. mittels Duft-

Pods in die Irre zu führen. Oder tun Sie doch einfach mal einen Drop in Ihre Trinkflasche, dieser löst sich nach kurzer Zeit auf, dass können Sie sich vorstellen wie eine Brausetablette, die Sie sich in Ihr Getränk machen. Es gibt unzählige Geschmacksrichtungen, Sie haben bei der Auswahl des Geschmacks diesbezüglich also freie Wahl. All diese Methoden ermöglicht es Ihnen, das eintönige Wasser etwas aufzuputschen und diese Möglichkeiten sind meist sogar völlig zuckerfrei. Also erkundigen Sie sich doch mal.

Ein weiterer, häufig angesprochener Punkt sind die Empfehlungen und die weitverbreiteten Halbwahrheiten über das besagte Thema. Hören Sie nicht auf alles, was man Ihnen sagt, holen Sie sich ärztlichen Rat, denn ein Mediziner hat sich schon viel mehr und öfter mit diesem breit gefächerten Thema auseinandergesetzt und kann aus Erfahrungen heraus viel mehr sagen als das alt bekannte und beliebte Internet. Im Internet lesen Sie viel und es ist auch so ziemlich nach jedem Arztbesuch selbstverständlich, dass man nach den ersten Symptomen, der Diagnosestellung oder einfach einzelnen Wörtern, die der Mediziner bei der Diagnosestellung in den Raum geworfen hat, zu googeln. Aber fragen Sie lieber wiederholt nach, solange, bis Sie es richtig verstanden haben, bevor Sie sich über das Internet völlig verrückt machen und glauben Sie mir, das ist Ihrem zuständigen Hausarzt oder Orthopäden sogar lieber, als sich im Internet darüber schlauzumachen.

Zusammenfassend ergänzend wird darauf hingewiesen, dass bei einem derartig komplexen, rezidiv freudigen "Volksleiden" wie dem suspekten Thema der Beschwerden des Rückens schon bei den ersten Symptomen geraten wird, sich zeitnah ärztliche Empfehlungen einzuholen. In jedem Fall bedarf es nämlich einer nachhaltigen und individuellen befund- und bedarfsgerechten Begutachtung und Abschätzung einer infrage kommenden Behandlung. Oft bedeutet weniger allerdings mehr.

Nutzen Sie selbst die Chance, aktiv zu werden. Unter Druck schaffen Sie keine Lösungen, Erkenntnisse oder Verbesserung, sondern nur Ängste, Stress und Sorgen: Wenn Sie das Gefühl haben, Sie schaffen die Bewältigung dieses Problems nicht allein, ist dies auch kein Weltuntergang. Holen Sie sich jemanden dazu, ob es nun ein Experte ist oder ein/e Freund/in. Außerdem gibt es eine Vielzahl anderer Möglichkeiten, beispielsweise an einem ortsgebundenen Rückenprogramm, einer Rückenschule oder physiotherapeutischen Maßnahmen. Zu guter Letzt machen Sie sich bei Ihrer Krankenkasse schlau, oftmals stellen Krankenkassen eine Vielzahl an Bewegungsmöglichkeiten, die teilweise sogar übernommen werden können, zur Verfügung. Rufen Sie doch gleich dort an und lassen Sie sich einen Einblick über die Vielzahl der möglichen Optionen aufklären. Alternativ können Sie zu einem Probetraining ins Fitnessstudio in Ihrer Stadt gehen, die meisten Studios bieten ein kostenloses Probetraining an, dort wird Ihnen auf Wunsch auch ein Personaltrainer zur Verfügung gestellt. Der Fitnesstrainer hat außerdem die Möglichkeit, Ihnen einen individuellen Trainingsplan zu erstellen, dazu wird oftmals auch Ihr Gewicht und Körperfettanteil gemessen. Diese Messwerte beschreiben genau, welche Muskelgruppen wie gestärkt werden müssen und der Trainer erstellt daraufhin einen genau auf Sie abgestimmten Plan.

Ansonsten sind Sie aber auch mit den Informationen, Tipps und Tricks sowie Übungen bequem von Zuhause erst einmal gut bedient.

Bedenken Sie immer, dass Sie selbst bestimmen, wie weit Sie es zulassen. Also beginnen Sie direkt heute und lassen Sie die Schmerzen nicht weiter zu. Hören und vertrauen Sie auf sich, Ihren Körper und Ihr Gefühl. Sie werden den richtigen Weg schon gehen. Viel Spaß und Erfolg beim Anwenden der unzähligen Tipps und Tricks, die zur Linderung Ihrer Rückenschmerzen beitragen können.

Vorsichtsmaßnahmen getroffen.

Sekunden... An diesem, dass Sie schon bei einm
schon, wie auf Sie zukommen. Hier beginnen Sie
die je mehr sich Verlauf in die ruhige erreichen
und... schärfen und verteilen an sich sein. Ihren
Körper und im Dunkeln. Sie werden den ruhigen
Wohlempfinden. Sie Spon und dieße sein. Sie
weniger. Kann in Ergänzung recht. Die zur
Idealität ihrer Rückseite finden zu beginnen, mit
sich.

Herstellung und Verlag:

BoD – Books on Demand, Norderstedt

ISBN: 9783752646290

Kontakt: Psiana eCom UG/ Berumer Str. 44/ 26844 Jemgum

Covergestaltung: Fenna Larsson

Coverfoto: depositphotos.com